AF238459

WOHIN DES WEGES, KLEINE SCHILDKRÖTE?

Hör auf dein Herz und du wirst ankommen.

Für meine Kinder. Stephanie
Für alle Träumer. Daniela

Es war einmal ein klitzekleines Ei,
aus dem schlüpfte, als die Zeit gekommen war –

SACHT, GANZ SACHT

– eine klitzekleine Schildkröte.

„WO BIN ICH DENN?
WO MUSS ICH HIN?",
fragte sie und sah mit neugierigem Blick

auf die Welt ringsum.

Mit ihren klitzekleinen Beinchen –

EINS, ZWO, DREI UND VIER

– stapfte die klitzekleine Schildkröte drauflos,

durch den sommerwarmen Sand,

der klitzekleinen Schildkrötennase nach.

Sie stapfte **LAAANGE,**

denn ihre Beinchen waren winzig

und hatten noch nie zuvor Sand berührt.

Die klitzekleine Schildkröte mühte sich so lange durch den Sand,

bis der Mond und die Sterne sich schon schlafen legten

und die **SONNE** über den Horizont kletterte.

„Guten Morgen, kleine Schildkröte.
Wohin des Weges?",
fragte die muntere Möwe und reckte –
RAAAH, RAAAH – den Schnabel.

„Ich glaube, ich muss in diese Richtung",
antwortete die klitzekleine Schildkröte
und wackelte entschlossen mit ihrem
KLITZEKLEINEN
Schildkrötenköpfchen.

„Da lang?", fragte die Möwe. **„WAS SOLL DA SEIN?**

Was willst du dort machen?

Weißt du was? Komm mit mir!"

Und schon schwang sich die Möwe

HOOOCH in die Luft.

Die klitzekleine Schildkröte zögerte erst,

dann aber beeilte sie sich, so gut sie konnte.

Doch sie hatte keine flinken Möwenflügel

und ihre klitzekleinen Beine –

EINS, ZWO, DREI UND VIER

– versanken im Sand.

Bald war die Möwe am Himmel verschwunden.

Und weil die klitzekleine Schildkröte nicht wusste,

wohin, lief sie so lange, bis der Sand verschwand

und ihre klitzekleinen Beine Steinchen und Felsen berührten.

„Guten Tag, kleine Schildkröte.

Wohin des Weges?",

fragte die faule Eidechse und

RÄÄÄKELTE

sich in der Sommersonne.

„Ich weiß nicht recht", antwortete die klitzekleine Schildkröte
und legte ihre klitzekleine Stirn in klitzekleine Sorgenfalten.
„Ich denke, ich muss in diese Richtung",
sagte sie und wackelte unsicher mit dem kleinen Schildkrötenkopf.

„Da lang?", fragte die Eidechse. **„WAS SOLL DA SEIN?**

Was willst du dort machen?

Weißt du was? Bleib doch bei mir!"

Und schon schloss die Eidechse –

GÄÄÄHN – ihre Augen.

Die klitzekleine Schildkröte blieb,

so lange sie konnte.

Doch die Steine unter ihren klitzekleinen Beinen –

EINS, ZWO, DREI UND VIER

– waren viel zu heiß.

Bald schmerzten ihre Füße sehr.

Und weil sie nicht wusste, wohin,

lief sie so lange, bis die heißen Felsen verschwanden

und kühlender Schatten sich über ihr breitmachte.

„Guten Tag, kleine Schildkröte.

Wohin des Weges?",

fragte der lustige Affe und schaukelte –

UH, AH, AH

– zwischen den Ästen.

„Ich weiß nicht recht", antwortete die klitzekleine Schildkröte verzagt

und ihre klitzekleine Stirn bekam noch mehr klitzekleine Sorgenfalten.

„Ich denke, ich muss in diese Richtung",

sagte sie und wackelte mit dem Kopf, müde, denn der Weg

war so lang und das Ziel noch immer nicht in Sicht.

„Da lang?", fragte der Affe. **„WAS SOLL DA SEIN?**
Was willst du dort machen?

Weißt du was? Spiel doch mit mir!"
Und schon turnte er von Ast zu Ast –
HUIII – hoch hinauf
bis unter das Blätterdach.

Die klitzekleine Schildkröte bemühte sich sehr.
Sie reckte und streckte sich,
doch ihre klitzekleinen Beine –

EINS, ZWO, DREI UND VIER

– waren zu kurz, um die Zweige zu erreichen.

Bald war der Affe ganz oben.
Und weil die klitzekleine Schildkröte unten am Boden nicht wusste,
wohin, lief sie betrübt so lange weiter hinein in den Wald,
bis die Sonne sich schlafen legte und der Mond mit den Sternen
über den Wipfeln zu leuchten begann.

„Guten Abend, kleine Schildkröte.

Wohin des Weges?",

fragte die Eule und drehte ihren Kopf

LAAANGSAM herum.

„Ich weiß nicht recht", antwortete die klitzekleine Schildkröte erschöpft
und ihre klitzekleine Stirn war nun voller klitzekleiner Sorgenfalten.
„Ich dachte, ich müsste in diese Richtung",
sagte sie und wackelte mit dem Kopf. „Doch die anderen Tiere
schickten mich hierhin und dahin, und nun weiß ich nicht mehr weiter
und meine Beine tun weh."

Die Eule guckte verduzt.

NANU?

Ihre Augen wurden groß.

„Deine Beine sind ja auch nicht zum

Laufen, Fliegen, Liegen oder Turnen gemacht.

Schwimmen musst du, kleine Schildkröte.

SCHWIMMEN, im Meer!"

„Schwimmen. Im Meer", wiederholte die klitzekleine Schildkröte

und wackelte mit dem Kopf.

„Wo ist das Meer? Und was ist Schwimmen?",

fragte die klitzekleine Schildkröte neugierig und hoffnungsvoll.

„DAS FRAGST DU MICH?", sagte die Eule.

„Fühlst du es denn nicht?"

Und sie breitete die Flügel aus und verschwand lautlos in der Nacht.

Da nahm die klitzekleine Schildkröte ihren ganzen Mut zusammen,

wackelte noch einmal mit dem Kopf und machte sich dann

mit ihren klitzekleinen Beinen –

EINS, ZWO, DREI UND VIER

– auf den Weg.

SCHWIMMEN? Was mag das sein?,
dachte die Schildkröte.
UND DAS MEER? Werde ich wissen, was das Meer ist,
wenn ich dort angekommen bin?

Immer weiter lief die klitzekleine Schildkröte.
Die Sonne stieg hoch und die Sonne versank.
Und als der Mond und die Sterne kamen,
sah die klitzekleine Schildkröte ... **DAS MEER.**

Es funkelte und glitzerte.

Es rauschte und brauste. Es wappte und schwappte.

Und als ihre klitzekleinen Beine –

EINS, ZWO, DREI UND VIER

– die Wellen berührten, verschwanden alle kleinen Sorgenfalten.

Denn die klitzekleine Schildkröte wusste:

ICH BIN ZU HAUSE!

HILF DER KLEINEN SCHILDKRÖTE, DEN RICHTIGEN WEG ZU FINDEN.

STEPHANIE DOMS & DANIELA AISTLEITNER

Natur, Reisen, Yoga, geschriebene und gezeichnete Geschichten und das Abenteuer Selbstfindung: Die Gestalterinnen dieses Buches verbindet ganz viel. Und so hatte Daniela sofort die richtigen Bilder zu Stephanies Text im Kopf.

Mehr über die Autorin, Yogalehrerin und Mentaltrainerin
Stephanie Doms: www.stephaniedoms.com

Mehr über die Grafikerin, Illustratorin und Yogatrainerin
Daniela Aistleitner: www.klein-kunst.at

„WAS DENKST DU?"

Liebe Eltern, Geschichten sind mehr als nur Worte. Sie können uns berühren und uns inspirieren, die Welt achtsamer zu erleben. Regen Sie Ihr(e) Kind(er) gerne zum Nachdenken an. Die folgenden Fragen unterstützen Sie dabei:

- **Was hat der kleinen Schildkröte geholfen, ihren Weg zu finden?**
  (Mit der Frage „Und was noch?" öffnen Sie weitere Blickwinkel.)

- **Wie, glaubst du, hat sich die kleine Schildkröte gefühlt, als sie die anderen Tiere getroffen hat?**

- **Warum war es gut, dass die Schildkröte die anderen Tiere getroffen hat?**

- **Wie hat sich die Schildkröte gefühlt, als sie am Meer angekommen ist?**

- **Was, denkst du, hat die Schildkröte als Erstes im Meer gemacht?**
  (Und was noch?)

- **Was hilft dir, wenn du – wie die kleine Schildkröte – nicht weiterweißt?**
  (Und was noch?)

- **Was kannst du mit deinen Armen und Beinen machen?**
  (Und was noch?)

- **Was davon machst du am liebsten?**

Viel Freude auf dem gemeinsamen Weg!

DIR GEFÄLLT DIESES BUCH?

Folge uns auf Facebook @StadelmannVerlag oder
Instagram #stadelmannnaturverlag

Impressum
1. Auflage 2021
ISBN 978-3-943793-92-5
© 2021 Stadelmann Verlag
Nesso 8, 87487 Wiggensbach
www.stadelmann-verlag.de
E-Mail: bestellung@stadelmann-verlag.de

Illustration, Satz und Gestaltung: Daniela Aistleitner
Fotografie: Renate Schrattenecker-Fischer
Druck und Bindung: Eberl & Kœsel, Krugzell

Dieses Buch wird klimaneutral in Deutschland gedruckt und unterstützt ein
regionales Klimaschutzprojekt im Oberallgäu und in Brasilien.